AF494213

VENTE

du Samedi 11 Mai 1907

HOTEL DROUOT — SALLE N° 7

A 2 HEURES 1/2

DE

MEUBLES ANCIENS ET DE STYLES

Tableaux - Dessins

DES XVIIe, XVIIIe ET XIXe SIÈCLES

GRAVURES DU XIXE SIÈCLE

PAR

Blanchard — Danguin — Henriquel-Dupont
Levasseur — Mercury
Prevost — Raphaël Morghen, etc.

COMMISSAIRE-PRISEUR	EXPERT
Me Raymond PUJOS	**M. Robert GANDOUIN**
29, Rue de Maubeuge, 29	*40, Avenue Wagram, 40*

EXPOSITION PUBLIQUE

Le Vendredi 10 Mai 1907, de 2 heures à 6 heures

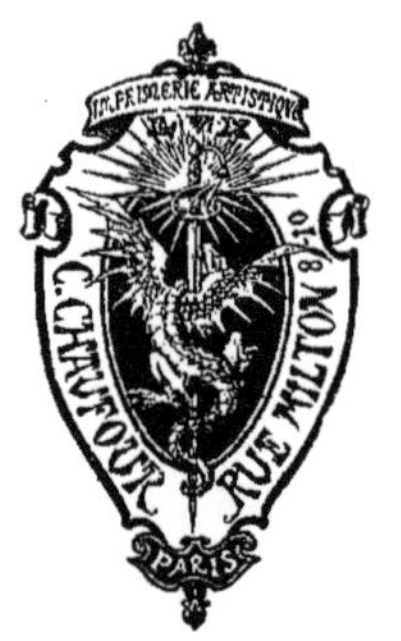
IMPRIMERIE ARTISTIQUE
C. CHAUFOUR
RUE MILTON 8-10
PARIS

CATALOGUE

D'UNE

VENTE

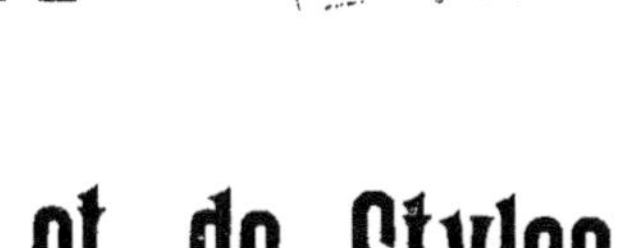

DE

Meubles Anciens et de Styles

TABLEAUX — DESSINS

Des XVIIe, XVIIIe et XIXe Siècles

GRAVURES DU XIXe SIÈCLE

PAR :

Blanchard, Danguin, Henriquel-Dupont, Levasseur
Mercury, Prévost, Raphaël Morghen, etc.

DONT LA VENTE AUX ENCHÈRES PUBLIQUES AURA LIEU

HOTEL DROUOT -- SALLE N° 7

Le Samedi 11 Mai 1907

A 2 HEURES 1/2

COMMISSAIRE-PRISEUR
Me Raymond PUJOS
29, *Rue de Maubeuge*, 29
PARIS

EXPERT
M. Robert GANDOUIN
40, *Avenue de Wagram*
PARIS

Chez lesquels se distribue le présent Catalogue

EXPOSITION PUBLIQUE

Le Vendredi 10 Mai 1907, de 2 heures à 6 heures

CONDITIONS DE LA VENTE

La vente aura lieu au comptant.

Les acquéreurs paieront dix pour cent en sus des enchères.

L'exposition mettant le public à même de se rendre compte de l'état et de la nature des objets, il ne sera admis aucune réclamation une fois l'adjudication prononcée.

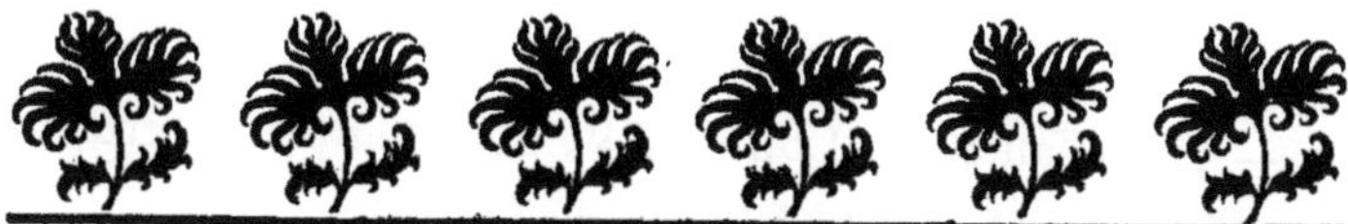

DÉSIGNATION

MEUBLES

1 — Petite console à accrocher de l'Epoque Louis XV, corne rouge incrustations de cuivre, bronzes ciselés et dorés.

2 — Petite console à accrocher bois sculpté et doré. Modèle de Versailles.

3 — Petite glace de l'époque Louis XIV, bois sculpté, traces de dorure.

4 — Cadre de glace de l'époque Louis XV, bois sculpté et doré (réparée).

5 — Lit à colonne en acajou de l'époque Empire avec chapiteaux, bagues et appliques en bronze ciselé et doré.

6 — Deux fauteuils Louis XIV, bois sculpté; à croisillons, cannés. Seront vendus séparément.

7 — Fauteuil Louis XIV, bois sculpté, canné.

8 — Fauteuil Louis XIV, bois sculpté, canné.

9 — Fauteuil Louis XIV, bois sculpté, canné.

10 — Deux chaises Régence.

11 — Grand fauteuil mécanique à crémaillère et dossier mobile recouvert de cuir de Cordoue. Meuble ancien de l'époque Louis XIV.

12 — Trois bois de fauteuil non garnis. Epoque Louis XVI.

13 — Petit tabouret de style Directoire, recouvert de soie ancienne de l'époque Louis XVI.

14 — Six chaises acajou de l'époque Empire, traverses dans les dossiers sculptées.

15 — Petite table Louis XV à un tiroir. Signée : E. Ence, dessus marqueterie de fleurs (réparée).

16 — Table en noyer de l'époque Louis XIII.

17 — Table en noyer de l'époque Louis XIII.

18 — Petite table Louis XV en bois sculpté et redoré, dessus de marbre (réparée).

19 — Petite table vitrine de style Louis XVI en bois sculpté et doré. Beau modèle dit de Marie-Antoinette.

20 — Petite table à tiroirs et à q[illegible]re faces de style Louis XV, bois sculpté et doré, dessus de marbre.

20 bis — Petite table guéridon de style Louis XIV, en bois sculpté et doré, dessus de marbre. Fort beau modèle.

21 — Petite toilette poudreuse en acajou de l'époque Louis XVI.

22 — Bureau de dame, de forme dos d'âne marqueterie de bois de violette. Bronzes ciselés et dorés (rapportés).

23 — Cabinet de l'époque Louis XIII, bois des îles, incrustations d'étain sur les tiroirs. Style de Bérain.

24 — Petit coffret à bijoux de l'époque Louis XIII, ébène et écaille rouge avec plaques en émail de Limoges.

25 — Lustre de style Louis XV, à trente-six lumières garni de cristaux.

26 — Autre lustre de même style, garni de cristaux.

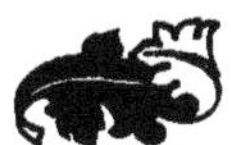

TABLEAUX

CAZIN

27 — Portrait d'homme.

Cadre bois sculpté et doré.

COIGNET (Léon)

28 — Etude.

DE DREUX (Attribué à A.)

29 — Chasse à courre.

DEROIT 1790

30 — Au pâturage.

Panneau, signé et daté.

DUVIEUX

31 — Vue de la Corne d'Or

Signé.

GÉRARD (Attribué à Mlle)

32 — Portrait de jeune femme.

Cadre en bois sculpté et doré.

GITTARD

33 — Soleil couchant.

Signé.

BAPTISTE (S)

34 — Le bonjour au grand père.

Signé.

MAGNUS

35 — Paysage aux environs de Caen.

NOTTERMAN

36 — Chiens et singes.

Signé.

PALIZZI

37 — Pâturage.

Signé.

38 — Le petit pâtre.

Signé.

PRUDHON (Ecole de)

39 — Le rêve.

TRINQUESSE (Attribué à)

40 — La lecture intéressante.

Cadre ancien bois sculpté et doré.

VELASQUEZ (D'après)

41 — Les Fileuses.

Etude du tableau du musée de Madrid.

ECOLE FLAMANDE

42 — Site italien.

Ex-collection Calamard de Lyon.
Cadre bois sculpté et doré.

ECOLE FRANÇAISE. FIN DU XVIIIe SIECLE

43 — Propos galants.

Jolie et aimable esquisse.

44 — Souvenir d'Italie.

45 — Environs de Rouen.

Fixé sur verre.

ECOLE MODERNE

46 — Le troupeau aux Pyrénées.

Signé et daté.

DESSINS, GOUACHE

BENOIST (1846)

47 — Combat de coqs.

Dessin à la plume.

BLANCHARD (Aug.)

48 — Portrait d'Edmond Norès.

Dessin à la pierre noire.
Même portrait en gravure.

BOUCHER (Attribué à)

49 — Jeune femme souriant.

Etude de tête.
Sanguine.
Cadre en bois.

50 — Pastorale.

Sanguine.
Cadre ancien bois sculpté.

BROWNE (Louis)

51 — Etude d'enfant à la sanguine.

CARESME (Attribué à)

52 — Bacchanale.

Important dessin à la pierre noire.
Cadre ancien.

CAUCHEN

53 — Curieux dessin satyrique sur J.-B. Greuze.

Dessin à la plume.
Cadre ancien.

DEBUCOURT (Attribué à P.-P.)

54 — Dessin aquarellé.

Croquis terminés, exécutés pour les gravures des mœurs et coutumes de l'époque.
Curieux et beau dessin.
Cadre bois sculpté et doré.

DUPLESSIS-BERTAUX

55 — Atelier de forge sous la Terreur.

Dessin rehaussé d'aquarelle (A été gravé par l'artiste)

GIRODET

56 — Portrait présumé d'un tragédien.

Crayon.

HARRADENT

57 — Etudiant anglais.

HUBERT-ROBERT (Attribué à)

58 — Les laveuses.

Pierre noire.

59 — Vue d'Italie.

Sanguine.
Important dessin.
Cadre ancien.

60 — Environs de la villa D'Este.

Sanguine.
Cadre ancien.

HUET (Attribué à J.-B.)

61 — Allégorie.

Dessin à la plume rehaussé de lavis.

JOUVENET

62 — La Résurrection.

Dessin rehaussé de lavis.
Cadre en bois sculpté.

LANGENDYK

63 — Marché aux chevaux.

Important et beau dessin au lavis. Signé.

Cadre ancien.

LANGLOIS (Polyclès)

64 — Environs de Rouen.

Dessin rehaussé. Signé.

LÉPICIÉ

65 — Cavalière.

Etude à la sanguine.

Cadre en bois sculpté.

LOUTHERBOURG (Genre de)

66 — Bêtes à la prairie.

Dessin à la plume daté de 1789.

OLIVIER (Attribué à)

67 — Crayon sur vélin.

PILLEMENT (Attribué à)

68 — La pêche dans le ravin.

Pierre noire rehaussée.

PRUD'HON (Ecole de)

69 — Jeune mère et ses enfants.

A la pierre noire.

STOTHARD (R.-A.)

70 — Illustrations pour un calendrier anglais.

Douze précieux petits dessins à la plume.

SWEBACH

71 — Sujet militaire. Bataille du Premier Empire. Au premier plan l'Empereur accompagné de son état-major donne des ordres.

Dessin à la plume rehaussé de lavis (a été reproduit par la gravure).
Cadre ancien.

TAILLASSON

72 — Nymphe et Satyre.

Dessin à la pierre noire.
Cadre ancien bois sculpté.
Signé.

VAN OS

73 — Cosaques.

Dessin à la plume lavé au bistre. Signé.
Cadre ancien bois sculpté.

ECOLE FRANÇAISE XVIe SIÈCLE

74 — Précieux dessin à la plume rehaussé de gouache; projet pour la décoration ou la tapisserie.

ECOLE DE FONTAINEBLEAU (Suite de)

75 — Offrande à Priape.

Dessin à la plume.

ECOLE FRANÇAISE XVIIe SIECLE

76 — Deux jolis et précieux dessins à la sanguine. Etude très poussée : Mère et son enfant.

Cadre en bois.

ECOLE FRANÇAISE XVIIIe SIÈCLE

77 — Jeune fille vue à mi-corps.

Sanguine.
Cadre bois sculpté et doré.

ÉCOLE FRANÇAISE

78 — Le Temple de la Paix à Rome.

Dessin au lavis.
Cadre ancien.

79 — Château aux environs de Naples.

Jolie gouache dans le style de Moreau.
Cadre en bois sculpté.

80 — Portrait de femme.

Préparation de l'artiste pour un tableau.
Dessin rehaussé de couleur.
Cadre ancien bois sculpté et doré.

ÉCOLE FRANÇAISE MODERNE

81 — Les cerises.

Dessin à la plume.

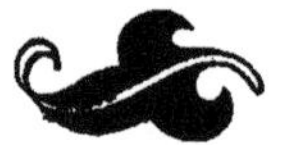

GRAVURES

DEBUCOURT (D'après P.-P.)

82 — Les deux baisers.

Réduction et reproduction.

FRAGONARD

83 — Le triomphe des nymphes.

Fac-similé.

HUET (D'après J.-B.)

84 — La cour de la ferme.

Gravure.
Cadre en bois,

ROSLIN (D'après)

85 — Marie-Antoinette.

Représentée en pied.
Gravure en couleur.

GRAVURES MODERNES

Pièces provenant de la Société Française de Gravure

SUPERBES ÉPREUVES AVANT LA LETTRE

Bel état de conservation

ARDAIL (ALBERT)

86 — Portrait de jeune fille tenant une houlette.

D'après Govaert Flinck.
N° 127.

BLANCHARD Fils (AUG.)

87 — Sainte Famille.

D'après Bouchot.
Avec dédicace,
Encadrée.

BLANCHARD (A.)

88 — Faust et Marguerite.

D'après A. Cheffer.
Avec dédicace,
Encadré.

89 — Le sommeil de Vénus.

D'après Le Corrège.
Pièce avant le titre. Signée de l'artiste.
Encadrée.

BELLAY (C. P.)

90 — Rome.

D'après P. Baudry.
N° 127.

BOISSON (L.)

91 — La Belle Ferronnière.

D'après L. de Vinci.
N° 161.

BOUTELIÉ

92 — Portrait de Simonetta Vespucci.

D'après Pollainolo.
N° 182.

DANGUIN

93 — Portrait de Meissonier.

N° 118.

94 — Saint Etienne visitant les malades.

D'après L. Cogniet.
N° 139.

95 — Tête de jeune fille.

D'après Palme le Vieux.
N° 185.

DIDIER (A.)

96 — La Justice (Vatican).

D'après Raphael.
N° 175.

FORSTER

97 — Les Trois Grâces.

D'après Raphaël.
Encadrée.
N° 90.

FRANÇAIS (A.)

98 — L'éducation.

D'après Paul Delaroche.
Encadrée.

FRANÇOIS (Alph.)

99 — Charlotte Corday.

D'après Paul Délaroche.
Signée de l'artiste.
Encadrée.

FRANÇOIS (J.)

100 — Les enfants d'Edouard.

D'après Paul Delaroche.
Avant le titre.
Encadrée.

HAUSSOULLIER

101 — Auguste, Octave et Livie.

D'après Ingres.
N° 161.

HENRIQUEL-DUPONT

102 — Portrait de P. Molière.

D'après P. Mignard.
N° 175.

103 — L'hémicycle.

D'après Paul Delaroche.
Encadrée.

HUOT (A.)

104 — Portrait d'une jeune femme vue à mi-corps.

D'après Gérard.
No 182.

JACQUET (Ach.)

105 — Portrait de C. Vernet.

D'après Lépicié.
N° 139.

LECONTE (L.)

106 — Dante et Béatrix.

D'après A. Scheffer.
Encadrée.

LEVASSEUR

107 — Le Christ.

D'après Paul Delaroche.
N° 118.

LEVASSEUR (J.)

108 — Enterrement du fils aîné.

D'après Léopold Robert.
N° 175.

LEVY

109 — Portrait d'homme.

D'après J.-B. Greuze.
N° 118.

MERCURY

110 — Jeanne Gray.

D'après Paul Delaroche.
Avant le titre.
Encadrée.

PATRICOT

111 — Portrait d'un jeune homme.

D'après Raphaël.
N° 139.

PREVOST (Z.)

112 — Maternité.

D'après Paul Delaroche.
Encadrée.

113 — Le Christ et Madeleine.

D'après Paul Véronèse.
Encadrée.

MORGHEN (Raphael)

114 — L'Ascension.

D'après Raphaël.
Encadrée.

115 — La Cène.

D'après Léonard de Vinci.
Encadrée.

116 — Sous ce numéro, objets omis au catalogue.

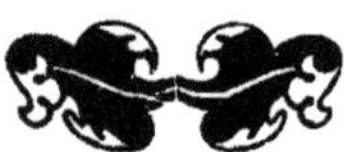

www.ingramcontent.com/pod-product-compliance
Ingram Content Group UK Ltd.
Pitfield, Milton Keynes, MK11 3LW, UK
UKHW020532180726
13839UKWH00005B/2469

9 782329 512525